Pratique et doctrine allemandes de la guerre

par

E. LAVISSE et CH. ANDLER

Professeurs à l'Université de Paris

LIBRAIRIE ARMAND COLIN

103, Boulevard Saint-Michel, PARIS, 5ᵉ

Prix : 0 fr. 50

ÉTUDES ET DOCUMENTS SUR LA GUERRE

COMITÉ DE PUBLICATION

MM. Ernest LAVISSE, de l'Académie française, *Président.*

Charles ANDLER, professeur à l'Université de Paris.

Joseph BÉDIER, professeur au Collège de France.

Henri BERGSON, de l'Académie française.

Émile BOUTROUX, de l'Académie française.

Ernest DENIS, professeur à l'Université de Paris.

Émile DURKHEIM, professeur à l'Université de Paris.

Jacques HADAMARD, de l'Académie des Sciences.

Gustave LANSON, professeur à l'Université de Paris.

Charles SEIGNOBOS, professeur à l'Université de Paris.

André WEISS, de l'Académie des Sciences morales et politiques.

Pratique et doctrine allemandes de la Guerre

par

E. LAVISSE et CH. ANDLER

Professeurs de l'Université de Paris

LIBRAIRIE ARMAND COLIN

103, Boulevard Saint-Michel, PARIS, 5e

1916

TABLE DES MATIÈRES

AVANT-PROPOS

Deux rapports ont été présentés à M. le Président du Conseil par « la Commission instituée en vue de constater les actes commis par l'ennemi en violation du droit des gens » (1).

Cette commission se compose de MM. Payelle, premier président de la Cour des comptes, Mollard, ministre plénipotentiaire, Maringer, conseiller d'Etat, Paillot, conseiller à la Cour de cassation. Les enquêteurs ont interrogé les témoins en la forme judiciaire après leur avoir fait prêter le serment de dire toute la vérité, rien que la vérité ; ils ont contrôlé les informations ainsi obtenues et les ont soumises à une critique sévère, pour ne retenir que les faits indiscutablement établis. Nous avons négligé, disent-ils, ceux « dont les preuves étaient insuffisantes à nos yeux, ou qui, si dommageables ou si cruels qu'ils fussent, pouvaient avoir été la conséquence d'actes de guerre proprement dits, plutôt que d'excès volontaires, imputables à l'ennemi » (2).

---

(1) Le premier de ces rapports est daté du 17 décembre 1914, et le second du 8 mars 1915. — Tous deux ont été publiés par le *Journal Officiel*.

(2) On sait que partout, en Belgique, en France, les Allemands ont prétendu que leurs violences contre les populations civiles furent provoquées par des civils qui avaient tiré sur leurs troupes. Il est possible que le fait se soit quelquefois produit ; mais le plus souvent, comme il a été déjà démontré, même par témoignages allemands, les violences ont été commises sans provocations. D'ailleurs, rien ne peut justifier les massacres de vieillards, de femmes et d'enfants commis en Belgique et en France.

Nous ne donnerons pas ici une analyse complète de ces documents ; nous y choisirons quelques faits caractéristiques de la pratique allemande de la guerre, pour montrer ensuite que cette pratique est l'application d'une doctrine inspirée de certaines idées, et faire connaître ainsi ce qu'on pourrait appeler la philosophie allemande de la guerre.

PRATIQUE
ET DOCTRINE ALLEMANDES
DE LA GUERRE

I

LA PRATIQUE ALLEMANDE DE LA GUERRE
D'APRÈS LES DOCUMENTS FRANÇAIS

Quatre épisodes.

Les procédés de guerre allemands se trouvent presque tous rassemblés dans quatre épisodes.

A Gerbéviller, en Meurthe-et-Moselle, le 24 août, une soixantaine de chasseurs à pied français, après avoir héroïquement résisté à l'attaque de troupes allemandes, se sont retirés. Les Allemands se précipitent dans la ville ; ils pillent, brûlent et massacrent. Plus de cent personnes ont disparu de Gerbéviller pendant cette journée ; cinquante au moins ont été massacrées ; quinze cadavres, trouvés les mains liées derrière le dos, ont été enterrés par leurs concitoyens au lieu-dit « La Prèle », choisi par les Allemands pour terrain d'exécution ; d'autres victimes sont tombées dans les maisons et dans les rues.

Des soldats entrent dans la maison qu'habite la famille Lingenheld. Ils emmènent le fils âgé de trente-six ans et le fusillent. Ils viennent ensuite chercher le père, âgé de soixante-dix ans, et le conduisent à la Prèle, où ils le fusillent. La mère, qui s'est enfuie, s'arrête devant son fils étendu, qui remue encore; les soldats arrosent le moribond de pétrole, qu'ils allument.

D'autres Allemands frappent à la porte de la maison où le sieur Dehan vit avec sa femme et sa belle-mère, Mme Guillaume. Celle-ci, une vieille de soixante-dix-huit ans, va ouvrir; atteinte par plusieurs coups de feu, elle tombe dans les bras de son gendre accouru derrière elle. « Ils m'ont tuée, s'écrie-t-elle : portez-moi au jardin. » Dehan et sa femme la portent au jardin; ils mettent un oreiller sous sa tête et une couverture sur ses jambes. Quand, après une heure de souffrances, la pauvre vieille a rendu le dernier soupir, Mme Dehan l'enveloppe de la couverture et lui étend un mouchoir sur le visage. Mais les soldats entrent dans le jardin; ils emmènent Dehan à la Prèle, où il est fusillé. Mme Dehan est conduite sur la route de Fraimbois; elle y trouve une quarantaine de personnes, presque toutes des femmes et des enfants, qui s'attendent à mourir. Le lendemain, les Allemands la laissent partir; elle retourne à Gerbéviller; le corps de sa mère est toujours étendu dans le jardin; les jupes ont été relevées et le ventre ouvert par une blessure.

Ce massacre de Gerbéviller a duré toute la journée, pendant que flambaient 450 des 475 maisons du village.

L'église restait debout; quelques jours après le massacre et l'incendie, sœur Julie, supérieure de l'hospice, y entra; la porte du tabernacle était trouée par des balles autour de la serrure; des soldats avaient voulu la forcer pour s'emparer du saint ciboire, que la religieuse retira percé par une balle.

Au moins, à Gerbéviller, les horreurs avaient été précédées d'un combat; rien de pareil à Triaucourt, dans la Meuse. On suppose que les soldats ont été exaspérés par une plainte que Mlle Hélène Procès a portée contre un d'eux. Ils mettent le feu à la maison du sieur Gand et tuent ce malheureux au moment où il essaye de fuir. Ils se répandent dans le village, tirant à gauche, tirant à droite, incendiant partout.

Mlle Procès, sa mère, sa grand-mère, âgée de soixante et onze
ans, et sa tante, âgée de quatre-vingt-un ans, se sont sauvées
dans leur jardin. Elles essayent de franchir à l'aide d'une
échelle le treillis qui le sépare d'une propriété voisine.
Seule, la jeune fille s'échappe. Les trois vieilles femmes sont
abattues à coups de fusil. Le curé de Triaucourt vient rendre
aux cadavres les derniers devoirs; il les fait transporter
dans la maison après avoir recueilli la cervelle de l'octogé-
naire. La nuit, les soldats logés dans cette maison jouèrent
du piano.

A Lunéville, en Meurthe-et-Moselle, le 25 août, l'après
midi, le maire, M. Keller, s'étant rendu à l'hôpital, voit des
soldats faire feu vers le grenier d'une maison voisine. Des
Allemands lui disent qu'on a tiré sur eux. Il offre de faire
avec eux le tour de la ville, pour leur montrer qu'ils se sont
trompés. Il sort, accompagné d'une escorte qu'un officier
commande. Un cadavre est étendu dans la rue : « C'est, dit
l'officier, le cadavre d'un civil qu'un autre civil a tué en
tirant sur nous, d'une maison voisine de la synagogue; aussi
comme notre loi nous l'ordonne, nous avons brûlé la maison
et nous en avons exécuté les habitants. » En effet, le ministre
officiant juif, Weill, et sa fille, âgée de seize ans, ont été
fusillés. Pendant que le maire et son escorte poursuivent
leur marche, l'incendie s'allume en plusieurs endroits; il
détruit l'hôtel de ville, la synagogue, des maisons de la
rue Castara, le faubourg d'Einville. Deux ouvriers sont tués
dans une tannerie. Des soldats entrent chez le sieur Steiner
et l'appellent, de la porte de la cave où il s'est réfugié.
Mme Steiner veut retenir son mari qu'elle entoure de ses
bras; elle reçoit une balle au cou. Steiner est conduit dans
le jardin et tué; la maison est incendiée. Une dame Kahn,
âgée de quatre-vingt-dix-huit ans, est carbonisée dans une
maison voisine. Des soldats entrent en brisant les fenêtres
dans un logis où se trouvent Mme Dujon, sa fille âgée de
trois ans et ses deux fils. La fillette a le visage brûlé d'un

coup de feu; la mère, voyant par terre son plus jeune fils qui a quatorze ans, lui crie de se relever pour fuir avec elle; mais l'enfant éventré ne bouge pas; il tient ses entrailles dans ses mains; on l'a retrouvé carbonisé parmi les ruines.

Dans la banlieue de Lunéville, Wingerstmann et son petit-fils arrachaient des pommes de terre; ils sont mis au mur et fusillés.

Le lendemain, 26 août, les Allemands tuèrent encore.

Quelques jours après, le 3 septembre, le commandant en chef von Fosbender publie un décret. Il y accuse les habitants d'avoir commis des actes d'hostilité, qui ont été niés et sont en effet invraisemblables, et il conclut :

« A cause de ces actes d'hostilité, une contribution de six cent cinquante mille francs est imposée à la commune de Lunéville. Ordre est donné à M. le maire de verser cette somme en or (et en argent jusqu'à cinquante mille francs), le 6 septembre, à neuf heures du matin, entre les mains du représentant de l'autorité militaire allemande. Toute réclamation sera considérée comme nulle et non arrivée. On n'accordera pas de délai. Si la commune n'exécute pas ponctuellement l'ordre de payer la somme de six cent cinquante mille francs, on saisira tous les biens exigibles. En cas de non-paiement, des perquisitions domiciliaires auront lieu et tous les habitants seront fouillés. Quiconque aura dissimulé sciemment de l'argent ou essayé de soustraire les biens à la saisie de l'autorité militaire ou qui cherche à quitter la ville sera fusillé. Le maire et les otages pris par les autorités militaires seront rendus responsables d'exécuter exactement les ordres sus-indiqués. »

A Nomény, en Meurthe-et-Moselle, les Allemands, après s'être par méprise entrefusillés, entrent vers midi. Ils pillent, brûlent, tirent sans arrêt. Une cinquantaine de victimes tombent dans les rues ou dans les maisons. Un homme de quatre-vingt-six ans est tué sur son fauteuil; un soldat invite la dame Bertrand à regarder « ce cochon-là ». Dans la cave du sieur Vassé, plusieurs personnes s'étaient réfugiées; la maison brûle; elles se précipitent hors de la cave; le sieur Mentré, dès qu'il apparaît, est tué; son fils Léon, qui tenait dans les bras une petite sœur de huit ans, tombe frappé

d'une balle; une autre balle tirée à bout portant lui fait sauter
la cervelle; la dame Kieffer est blessée au bras et à l'épaule,
son mari, tué; son petit garçon, sa petite fille — dix ans et
trois ans — tués; tués aussi un sieur Striffert, un des fils
Vassé, un sieur Guillaume; une dame Mentré est blessée de
trois balles; une jeune fille de dix-sept ans sort la dernière
de la cave, portant dans ses bras sa sœur Jeanne, âgée de
trois ans; la petite a le coude brisé par une balle; la grande
se jette à terre et fait la morte; un soldat, qui la pousse du
pied, la croit morte en effet : *kapout*, dit-il. Enfin, un officier
arrive; il ordonne aux survivants de se lever, et, comme il
estime que Nomény ainsi conquise est désormais terre d'Allemagne, il crie : « Allez en France ! »

Pendant ces deux journées, Nomény a flambé. Lorsque les
enquêteurs arrivèrent dans la jolie petite ville, quelques
maisons seulement restaient debout; le reste n'était plus que
des murs noircis et des amas de décombres, où se recon-
naissaient des restes calcinés d'animaux et d'êtres humains.

Assassinats

A ces abominables actes commis par des troupes dans
des accès de fureur, quantité d'autres s'ajoutent, au jour le
jour.

Auprès d'Emberménil, en Meurthe-et-Moselle, Mme Masson
est rencontrée par une patrouille allemande, qui l'interroge :
« Y a-t-il des soldats français à Emberménil? » Elle répond
qu'elle ne sait pas, ne le sachant pas en effet. Les Allemands
entrent dans le village et sont accueillis par les coups de feu
de nos soldats. Quelques jours après, le 5 novembre, arrive
à Emberménil une troupe bavaroise. L'officier qui la commande ordonne aux habitants de se réunir devant l'église;
il parle de l'incident de la patrouille trompée et demande :
« Qui a trahi? » Mme Masson s'avance; elle affirme qu'elle
n'a pas menti en disant qu'elle ne savait pas que les soldats

français fussent entrés dans le village. L'officier la fait asseoir sur un banc. Un jeune homme, désigné au hasard dans le rassemblement, est placé à côté d'elle. En face, prennent position huit soldats sur deux rangs. La foule terrifiée demande grâce et pitié. On lui répond : « Un homme et une femme doivent être fusillés ; c'est l'ordre du colonel. Que voulez-vous ? C'est la guerre. » Trois salves, et deux cadavres. Mme Masson était visiblement enceinte.

Nos troupes bombardaient, le 29 août, Hériménil, en Meurthe-et-Moselle, occupé par des Allemands. Ceux-ci donnent ordre aux habitants de se rendre à l'église. Mme Winger s'achemine, accompagnée de trois domestiques, une femme et deux garçons. Un capitaine juge qu'elle ne marche pas assez vite ; il crie un ordre ; quatre corps tombent, qui resteront étendus dans la rue pendant deux jours. — Une troupe allemande entre à Monchy-Humières, dans l'Oise, le 31 août ; des habitants regardent passer les soldats ; un officier croit entendre le mot : « Prussien » ; il fait sortir des rangs trois dragons et leur ordonne de tirer dans le tas ; une petite fille de quatre ans est blessée ; le sieur Grandvalet a l'épaule droite traversée par une balle ; le jeune Gaston Dupuis est tué. — A Saucy-les-Provins, en Seine-et-Marne, des Allemands constatent que le jeune Rousseau est d'âge militaire : ils le déshabillent, constatent qu'il est bon pour le service, le tuent. — A Crézancy, dans l'Aisne, le 3 septembre, des soldats font sortir de chez lui Lesaint, âgé de dix huit ans, et l'amènent devant un officier qui le tue d'un coup de revolver. Un autre officier, à qui cet acte de son camarade est reproché, trouve qu'en effet ce camarade a été un peu trop vite, mais l'excuse en disant que Lesaint, s'il n'était pas soldat, était « pour en faire un ». — Deux jeunes gens, Charlet et Gabet, se rendaient à Saint-Quentin pour répondre à l'appel de leur classe ; ils rencontrent deux Belges voyageant en voiture qui leur offrent des places. Auprès de Bessons, ils sont arrêtés par une troupe allemande et conduits à Marquéglise, dans l'Oise, devant un officier sup rieur. L'officier les interroge. Les Belges, dit-il, sont « de sales gens », et, prenant son revolver, il fait feu sur les quatre prisonniers ; les deux Belges et Gabet sont foudroyés ; Charlet est mort le lendemain.

La ferme de Remonville, en Meurthe-et-Moselle, a été incendiée ; quatre ouvriers de ce domaine ont disparu ; les corps de deux d'entre eux, Victor Chaudre et Thomas Prosper, ont été retrouvés décapités ; la tête de celui-ci était broyée. — A Rehainviller, en Meurthe-et-Moselle encore, les soldats ont empoigné dans la rue le curé Barbot et le sieur Noircler. Les corps ont été retrouvés enterrés dans un champ. La tête coupée de Noircler était placée à la hauteur de la hanche. — A Sommeilles, dans la Meuse, Mme X. s'est réfugiée pendant l'incendie du village dans la cave des époux Adnot avec ses quatre enfants. Des soldats sont descendus dans cette cave ; ils ont tout tué. On a retrouvé les victimes dans une mare de sang. Mme X. avait le sein et le bras droit coupés ; une petite fille de onze ans, le pied sectionné ; un petit garçon de cinq ans, la gorge tranchée.

Pillages et incendies.

Isolément, par rencontre, ou bien en troupes et par ordre, les Allemands ont partout volé et pillé.

A Baron, dans l'Oise, un officier se fait ouvrir le coffrefort du notaire Robert, et il y prend 8500 francs en or. Au même endroit, un officier porte au doigt neuf bagues et au bras six bracelets. Des officiers donnent 4 marks par bijou que les soldats apportent. — A Congis, des soldats arrêtent un vieillard et lui prennent son porte-monnaie ; mais le portemonnaie est vide ; ils tuent le vieillard.

Lunéville et Baccarat ont subi des pillages en règle. A Lunéville, deux coffres-forts sont restés dans les décombres, dont l'un appendu à un mur ; le sous-officier Weiss en est averti ; ce sous-officier connaît très bien la ville, où il est venu souvent pour ses affaires de marchand de houblon ; à cause de cela, très bien vu de la *Kommandantur*, il a la charge d'opérer les réquisitions. Weiss fait sauter le pan de mur, puis charger les deux coffre-forts sur un camion qui les porte à la gare. — A Baccarat, la population a reçu l'ordre de s'assembler à la gare ; les soldats se répandent dans les maisons ; ils déménagent les meubles, les pendules et les objets d'art. Cette besogne achevée, les habitants rentrent dans leurs maisons vides. Bientôt, ils reçoivent l'ordre d'en sortir de nouveau ; on va mettre le feu. Cent douze maisons sont en effet brûlées. Mais, dans la hâte de l'exécution, les caves ont été oubliées. Des sentinelles sont postées auprès des décombres ; les entrées de caves sont dégagées. « Je ne croyais pas — dit à M. Renaud, qui faisait fonctions de maire, le général Fabricius, commandant l'artillerie d'un corps badois, — je ne croyais qu'il y eût tant de vin fin à Baccarat. Nous en avons pris plus de 100.000 bouteilles. »

Des châteaux ont été méticuleusement dépouillés. A Compiègne, chez le comte d'Orsetti, les objets enlevés ont été mis en série, enregistrés, emballés et transportés à la gare dans des tapissières marquées de la Croix-Rouge. — A Beaumont, près Montmirail, dans la Marne, chez M. le comte de la Rochefoucauld-Doudeauville, les secrétaires, les bureaux, les coffres-forts ont été éventrés, et les écrins à bijoux vidés. Parmi les noms, écrits à la craie, des hôtes de cette maison, se trouvent ceux du major v. Ledebur et du comte Waldersee. — Au château de Beauzemont, en Meurthe-et-Moselle, des automobiles sont arrivées en septembre, portant des femmes d'officiers ; ces voleuses ont fait une rafle de chapeaux, de robes de soie et d'argenterie.

Dans les belles maisons, les soldats d'Allemagne se sont complu à laisser en souvenir leurs ordures. Ils ont conservé cet usage par lequel les soudards d'autrefois manifestaient qu'ils étaient des brutes ignobles.

Les moyens d'allumer et d'entretenir le feu ont été préparés avec soin. Les moyens, c'est la torche — des soldats ont été vus, qui en portaient, engagées dans leur ceinturon, comme une partie du fourniment — la pompe à main qui projette le pétrole, des grenades, des sachets de poudre comprimée, des bâtons de résine, des baguettes de matière inflammable et fusante. Est-il une autre armée que l'allemande qui ait eu semblable prévoyance, étiqueté et rangé dans des magasins ces sortes de sachets et de baguettes?

Il arrive qu'un incendie soit allumé par accident. Peut-être le soldat wurtembergeois qui, à Clermont-en-Argonne, a répandu dans une maison l'alcool qui lui a servi à chauffer son café, n'a-t-il pas reçu l'ordre d'incendier; mais le feu a pris. Un habitant court à la remise de la pompe municipale; naïvement, il demande à un officier des hommes pour la manœuvrer : l'officier refuse et montre son revolver; auprès d'autres officiers, même accueil; et l'incendie s'étend. L'église, isolée sur une hauteur, menace d'échapper; des soldats y montent; ils font d'abord un tour de valse au son de l'orgue, puis jettent des poignées de grenades, et l'église flambe.

A Senlis, c'est, dans toutes les règles, la manœuvre d'incendie : une troupe se range dans une rue; coup de sifflet d'un officier, et des hommes sortent du rang; ils enfoncent portes et devantures; d'autres jettent dans les maisons des grenades et des fusées; la troupe se retire; mais des patrouilles circulent; des fusils lancent des projectiles incendiaires sur les maisons où l'incendie est retardataire.

Lugubre est la nomenclature des villages détruits. Une troupe arrive, munie des engins incendiaires; l'officier somme les paysans de quitter leurs maisons; à l'œuvre! Et, du village de Glannes, rien ne subsiste; à Auve 63 ménages sur 70 sont sans abri; à Sermaize-les-Bains, 860 sur 900; Somme-Tourbe n'a gardé que son église, sa mairie et deux bâtiments; 5 maisons demeurent debout à Huiron; etc., etc., etc., car ce sont là quelques exemples seulement, et pris dans le seul département de la Marne. De tous côtés, écrit la commission d'enquête, le regard se pose sur des décombres...; des villes autrefois pleines de vie ne sont plus que des déserts remplis de ruines; et quand on visite les lieux désolés où la torche de l'envahisseur a fait son œuvre, on a continuellement l'illusion de marcher parmi les vestiges d'une de ces cités antiques qu'une catastrophe de la nature a anéanties.

Les otages

La pratique du droit d'enlever des otages fut l'occasion de violences inouïes.

En septembre, à Vareddes, en Seine-et-Marne, dix-huit otages ont été choisis par une troupe allemande au moment où elle allait se retirer. Trois sont parvenus à s'échapper. Des quinze autres, quatre au moins ont été massacrés : le sieur Jourdaine — 73 ans — qui ne marche pas assez vite, frappé d'un coup de baïonnette, tué d'un coup de revolver; Liévin — 64 ans — fusillé dans le cimetière de Chouy, après qu'il s'est bandé les yeux pour ne point voir le peloton; Ménil — 67 ans — assommé à coups de crosse sur le territoire de Chouy; Milliardet — 78 ans — fusillé à Chezy en Orxois.

Les atrocités de la pratique des otages se trouvent réunies dans l'épisode des gens de Combres, village de la Meuse. Le 22 septembre, à sept heures du matin, la population est conduite en masse au flanc d'une colline exposée au feu de notre artillerie et de nos tirailleurs. Les pauvres gens agitent mouchoirs et chapeaux; le feu des nôtres s'arrête. A sept heures du soir, on ramène les otages chez eux; on leur donne une heure pour aller prendre dans leurs maisons — précédemment pillées — ce dont ils pouvaient avoir besoin. Sous peine de mort, ils doivent être de nouveau rassemblés à huit heures. On les enferme dans l'église. Le lendemain, à quatre heures du matin, on les conduit au même endroit que la veille, où ils restent toute la journée exposés au feu; heureusement, dans cette foule, une seule personne, une femme, fut blessée. Le soir, retour au village, et, de nouveau, on enferme les habitants dans l'église; ils y restent cinq jours. Le sixième jour, ils sont conduits à Herbeuville; là, les hommes reçoivent l'ordre de sortir des rangs; on les emmène à Mars-la-Tour; après tant de marches épuisantes, affamés, ils montent dans des wagons à bestiaux, qui les transportent en Allemagne. Les femmes et les enfants demeurèrent enfermés dans l'église d'Herbeuville pendant un mois. Parmi eux sévirent la dysenterie et le croup.

L'emploi de l'otage-bouclier est une infamie que les Allemands pratiquèrent plusieurs fois. Près de Méry, dans l'Oise, un combat était engagé entre Allemands et Anglais; des Allemands entrent dans une sucrerie, emmènent le directeur, sa famille, quelques ouvriers et ouvrières, en tout vingt-cinq personnes. Pendant trois heures, ils les font marcher avec eux de façon à se protéger contre une attaque de flanc. Le contremaître Courtois a le bras gauche traversé par une balle; la dame Jansonne est tuée.

En bien des endroits s'est répété un des plus monstrueux attentats au droit des gens qui aient été commis par nos ennemis: l'enlèvement de populations civiles.

A la fin de février, dix mille prisonniers civils, renvoyés en France, ont été répartis entre les départements de l'Isère, de a Haute-Savoie et de la Savoie. Les commissaires-enquêteurs sont allés visiter ces rapatriés: « Ce sont des femmes, des enfants, des jeunes gens de moins de dix-sept ans, et des vieillards de plus de soixante! » Les autres, ceux qui ont plus de dix-sept et moins de soixante ans, sont donc restés en Allemagne, quelques-uns exceptés, qui ont été reconnus impropres au service militaire.

Les rapatriés ont raconté leur voyage du pays natal aux camps d'Allemagne: des marches à pied, les nuits passées dans un enclos, dans une gare, dans une église, des jours sans pain, l'entassement dans des wagons à bestiaux; à Frankenthal, les gardiens ouvrent les portes des fourgons pour donner les malheureux en spectacle aux enfants des écoles rassemblés. Mais quelle terrible scène à Lübeck! Les hommes ont reçu ordre de descendre du train; puis ils sont partis dans une direction, les femmes dans une autre. Quelquefois, la séparation s'est faite dès le départ : « Ce qu'il y a de particulièrement révoltant, disent les rapporteurs, c'est que l'autorité militaire allemande, en se saisissant au hasard des gens qui lui tombaient sous la main, ne se faisait aucun scrupule de séparer les membres d'une même famille.... De jeunes enfants ont été compris dans d'autres convois que leurs mères, et des femmes ignorent encore ce que sont devenus leurs maris. »

Sur la façon dont ils furent traités dans leurs camps, les rapatriés ont témoigné devant les enquêteurs; mais leur seul aspect était le plus terrible des témoignages : jeunes gens dont le visage émacié, pâli, a oublié le sourire; toux obsédantes qui déchirent les poitrines; l'air de délabrement, de terreur, de folie. Une vingtaine de ces malheureux furent logés dans l'école de Saint-Égrève; les femmes se croyaient encore en prison; elles n'osaient pas écrire une lettre ni sortir de la salle sans permission. — Parmi les convois d'arrivants, un surtout fut impressionnant. Il fallut, à la descente du tramway, transporter sur des brancards une trentaine de femmes dont plusieurs étaient octogénaires; deux avaient plus de quatre-vingt-dix ans. — Un médecin de nationalité argentine, élève de 'Université de Genève, le docteur Lapiné, a examiné environ cinq cents rapatriés : il les a trouvés pour la plupart totalement épuisés. Beaucoup de vieillards souffraient de bronchites; plusieurs sont morts à Annemasse de congestion pulmonaire ou d'affaiblissement cardiaque; trente ou quarante femmes étaient tourmentées par des troubles physiologiques. Le docteur a soigné trois cas de folie (1).

(1) Le rapport se termine par une expression émue de gratitude à l'égard de la Suisse, qui a témoigné à nos prisonniers, par l'accueil qu'elle leur a fait, par les soins et les secours qu'elle leur a prodigués, une chaleureuse sympathie. La France a contracté envers la Suisse une dette de grande reconnaissance.

Attentats.

Les Rapports énumèrent quantité d'attentats, dont nous ne voulons parler que par allusions. Ici est déchaînée l'ignoble bestialité : des victimes de huit ans et des victimes octogénaires; toute une escouade acharnée contre une malheureuse; les parents obligés à regarder; des religieuses outragées; le crime perpétré dans la chambre d'un mort, tué pour avoir tenté de l'empêcher; un père, qui a voulu défendre sa fille, jeté dans la rue, tué; sa petite-fille, qui regarde à la fenêtre, tuée; le crime s'accomplit; quinze soldats.

Destructions de Monuments.

Les Rapports n'ont presque point parlé de la destruction de nos monuments. C'est une histoire à faire, très douloureuse, qui sera faite.

Reims est la plus grande et la plus déplorable victime.

Les Allemands ont menti en disant qu'ils ont bombardé Notre-Dame de Reims, parce que les Français avaient armé les tours et s'en servaient comme d'un observatoire. D'ailleurs, ils se sont démentis eux-mêmes, car, longtemps après que leurs obus avaient rendu intenables les tours de la cathédrale, ils ont recommencé à plusieurs reprises le bombardement comme par accès de rage. Certainement, ils s'acharnent à détruire Notre-Dame de Reims.

Pourquoi? Pour manifester leur force, car toute manifestation de la force réjouit leurs âmes. Pour la joie de détruire; cette joie infernale éclate en maints dithyrambes sur la guerre. Par sauvagerie de soudards; un journal allemand a cité ce propos d'un général : « Si tous les monuments qui sont placés entre nos canons et ceux de l'ennemi allaient au diable, cela nous serait parfaitement égal. »

Cherchons plus avant les mobiles.

Nos plus humbles écoliers savent que, dans cette église, nos rois devenaient rois par la vertu du sacre; Charles VII n'était que le « gentil Dauphin », lorsque Jeanne d'Arc le conduisit à Reims pour y recevoir le sacrement de la royauté. Ils savent, nos enfants, qu'au jour du sacre, debout dans le chœur, Jeanne tenait en main son étendard, voulant qu'il fût à l'honneur comme il avait été à la peine. Ils savent, nos petits garçons et nos petites filles, que Notre-Dame de Reims, c'est la cathédrale de la France. Or, les Allemands n'ignorent pas ces souvenirs augustes de notre peuple; ils sont très capables de vouloir nous offenser et nous faire souffrir en un point très sensible, pour contenter leur haine, cette haine dont un des leurs nous a prévenus que nous ne pouvons avoir aucune idée : « Les Allemands, a dit Henri Heine, sont beaucoup plus vindicatifs que les peuples romans; cela vient de ce qu'ils sont idéalistes même dans la haine. Nous autres Allemands, nous haïssons à fond longtemps, jusqu'à notre dernier souffle ».

Pourquoi, demandions-nous? Et nous avons répondu : pour manifester leur force, pour la joie de détruire, par sauvagerie de soudards, par haine. Il faut ajouter : par orgueil. Comment s'émouvraient-ils de la destruction des monuments du passé, eux, le peuple qui prépare à l'humanité un si splendide avenir. Des monuments? Mais, ils en referont tant qu'on voudra, des monuments! Ils cherchent l'architecture de l'avenir. Ils l'essayent par de colossales esquisses à Berlin et en d'autres lieux; ils affirment qu'ils la trouveront. Un jeune écrivain, Gundolf, critique et poète lyrique, énergumène par dessus le marché, exprime l'opinion de beaucoup de ses compatriotes, par cette maxime qu'il a écrite dans la *Gazette de Francfort* : « *Wer stark ist zu schaffen, der darf auch zerstören*, celui qui est assez fort pour créer, celui-là a le droit de détruire » (1).

(1) Cité par Romain Rolland dans le 10ᵉ *Cahier Vaudois*, *Pendant la guerre*, p. 18, note 2.

Preuves à l'appui : les rapports belges.

Comme il fallait s'y attendre, les Allemands ont récusé tous les témoignages recueillis par notre commission d'enquête. A cette récusation, nous opposerons l'honorabilité de nos enquêteurs, le soin scrupuleux qu'ils ont mis à leur tâche, et les rapports de l'enquête belge. La Belgique aussi a chargé de son enquête des hommes dont les noms et les fonctions commandent le respect et la confiance, hauts magistrats pour la plupart. La commission belge, comme la française, a procédé avec une loyauté minutieuse. Elle n'a rien accepté, comme a dit M. Pierre Nothomb, « sans précisions, sans contre-enquête, sans examen sévère. » Or, les faits qu'elle a relevés sont les mêmes, exactement les mêmes, en Belgique qu'en France.

La seule différence, terrible pour la malheureuse Belgique, est que les Allemands y ont pratiqué en grand la méthode d'atrocité. La Belgique s'est trouvée la première sur le chemin ; c'est donc elle d'abord qu'il a fallu épouvanter. Après la première rencontre, les Allemands, entrant dans Visé, fusillent des civils et obligent la population à regarder deux cadavres étendus sur un trottoir ; un officier crie : « Ce sort vous est à tous réservé, si vous êtes encore hostiles! » Ainsi commence l'épouvantable, l'inimaginable série ; partout des meurtres, des pillages, l'incendie, les petites ruines et les grandes ruines. Alors, des villages et des villes, qui peut fuir s'enfuit ; des foules ahuries et douloureuses piétinent sur les routes vers la France. C'est en Belgique qu'il a fallu que l'armée allemande mobilisât son avant-garde, la terreur (1).

(1) Le *Journal des Débats* du 2 mars cite un article écrit par M. Walter Blœm dans la *Gazette de Cologne*. Cet intellectuel se félicite du succès de l'épouvantement (*Abschreckung*) en Belgique. A présent, les Allemands sont bien tranquilles dans ce pays : « Y a-t-il au monde un seul homme se figurant que la capitale belge nous aurait supportés, nous qui circulons aujourd'hui à Bruxelles comme dans notre pays, si cette capitale n'avait pas tremblé et ne tremblait pas encore aujourd'hui par crainte de notre vengeance? La guerre n'est pas un

Autre raison d'atrocité renforcée. La résistance belge, si invraisemblable, était imprévue; elle dérangeait l'horaire prescrit par l'Empereur. « Il nous faut faire vite », avait dit le chancelier de l'Empire. La Belgique, empêchant de faire vite, allait tout compromettre. Quelle audace et quel crime pour un pays tout petit! Au fait, si le caillou lancé par ce petit David au front de Goliath ne l'a pas tué, il l'a marqué pour la mort. La colère de Goliath a été féroce.

Mais les Allemands nient leurs crimes de Belgique comme leurs crimes de France, ou bien ils les expliquent de telle façon qu'ils en rejettent la responsabilité sur les victimes.

Il faut donc les convaincre par leurs propres témoignages. C'est ce qu'a fait J. Bédier, dans la brochure publiée par notre Comité, *Les crimes allemands d'après des témoignages allemands.*

Témoignages allemands.

Le *Gefreite* Paul Spielman raconte le massacre, à la suite d'une alerte de nuit, d'un village où l'on avait, assure-t-il, le téléphone avec l'ennemi :

« Les habitants ont fui par le village. Ce fut horrible. Du sang est collé contre toutes les maisons, et, quant aux visages, ils étaient hideux. On les a enterrés tous aussitôt, au nombre de soixante. Parmi eux, beaucoup de vieilles femmes, des vieux et une femme enceinte... et trois enfants qui s'étaient serrés les uns contre les autres et sont morts ainsi... Et ce matin, 2 septembre, tous les survivants ont été expulsés, et j'ai vu quatre petits garçons emporter sur deux bâtons un berceau où était un enfant de cinq ou six mois... Et j'ai vu aussi une maman avec ses deux petits, et l'un avait une grande blessure à la tête et un œil crevé. »

D'un carnet non signé de soldat allemand, les lignes suivantes sont extraites :

... « Nous avons détruit huit maisons avec leurs habitants.

jeu de société. C'est un foyer d'enfer. Celui qui y met le doigt se brûle la main et y perd la vie. C'est de ce sort qu'est victime le pauvre peuple belge aveuglé et égaré ».

Dans une seule, furent passés à la baïonnette deux hommes avec leurs femmes et une jeune fille de dix-huit ans. La petite a failli m'attendrir. Son regard était si plein d'innocence! Mais on ne pouvait plus maîtriser la bande excitée, car, en tels moments, on n'est plus des hommes, on est des bêtes. »

Le réserviste Schlauter a écrit ces lignes :

« Des habitants de la ville, on en fusilla trois cents. Ceux qui survécurent au feu de salve furent réquisitionnés comme fossoyeurs. Il aurait fallu voir les femmes à ce moment; mais il n'y a pas moyen de faire autrement. »

Dans les *Münchener Neueste Nachrichten*, le lieutenant Eberlein raconte qu'entré à Saint-Dié à la tête d'une colonne, obligé de se barricader dans une maison en attendant du renfort, une idée lui est venue :

« Nous avons arrêté trois civils, et voici que me vient une bonne idée. On les campe sur des chaises et on leur fait comprendre qu'il faut aller s'asseoir sur ces chaises au milieu de la rue. Supplications d'une part, quelques coups d'autre part. On devient peu à peu terriblement dur. Enfin, ils sont assis dehors dans la rue. Combien de prières angoissées ont-ils dites, je l'ignore; mais ils ont tout le temps tenu leurs mains crispées. Je les plains, mais le moyen est d'une efficacité immédiate... »

En effet, le tir dirigé des maisons a tout de suite diminué; le lieutenant peut occuper la maison en face de celle où il était assiégé; enfin, le renfort arrive et les Allemands sont maîtres de Saint-Dié. Ces trois civils l'ont échappé belle; d'autres ont été moins heureux. Un régiment de réserve entré dans Saint-Dié d'un autre côté a eu la même « bonne idée » que le lieutenant Eberlein; il a fait asseoir quatre civils sur une chaise; ils ont été tués par des balles françaises: « Je les ai vus moi-même, dit le lieutenant, étendus au milieu de la rue, près de l'hôpital ».

Et voici le pillage et l'incendie :

« Une automobile arrive à l'hôpital et apporte du butin de guerre : un piano, deux machines à coudre, beaucoup d'albums et toutes sortes d'autres choses », note le soldat Johannes Thode; et le soldat Séb. Reishaupt : « Parux est le premier village que nous ayons brûlé; après, la danse commença : les villages l'un après l'autre; par prés et par champs nous fûmes à bicyclettes jusqu'aux fossés de la route, où nous mangeâmes des cerises ».

Voici enfin, du massacre de soldats blessés une preuve entre beaucoup d'autres. Le sous-officier Klemt raconte que, dans un combat, son régiment eut beaucoup à souffrir du feu des soldats français, qu'ils ont fini par découvrir. Parce que ces hommes étaient montés sur des arbres pour tirer, il les appelle « brigands perfides ». Après que nos soldats ont été, à coups de fusil, descendus des arbres « comme des écureuils », on les accueille à coups de crosse et de baïonnettes : « ils n'ont plus besoin de médecins ». D'autres ont pu se cacher derrière des buissons, on leur court sus :

« On ne fera pas de quartier!... Nous arrivons à une dépression de terrain. Les pantalons rouges gisent là, morts ou blessés, en foule. Nous assommons ou nous transperçons ces blessés, car nous savons que ces canailles, quand nous sommes passés, nous tirent dans le dos. Là est couché tout de son long un Français, face contre terre, mais il fait le mort. Le coup de pied d'un robuste fusilier lui apprend que nous sommes là. Se retournant, il demande quartier... on le cloue au sol. A côté de moi, j'entends des craquements singuliers... ce sont les coups de crosse qu'un soldat du 154° assène vigoureusement sur le crâne chauve d'un Français; très sagement, il s'est servi pour ce travail d'un fusil français de peur de briser le sien. Les hommes à l'âme particulièrement sensible font la grâce aux blessés de les achever d'une balle, mais les autres distribuent tant qu'ils peuvent des coup d'estoc et de taille ».

Sur ce massacre, le sous-officier, qui est un homme d'esprit, conclut :

« Les braves fusiliers d'Allemagne, en tuant ces Français, qu'ils soient blessés légèrement ou grièvement, économisent à la patrie les soins coûteux qu'il lui faudrait donner à de nombreux ennemis. »

Ces pages infâmes écrites, le sous-officier Klemt les communique à l'officier commandant sa compagnie; celui-ci écrit au bas : « Certifié exact, De Niem, lieutenant et commandant de compagnie ». Et Klemt envoie sa prose, accompagnée de quelques vers, à un journal de sa ville natale, le *Jauersches Tageblatt*, sous ce titre : *Une journée d'honneur pour notre régiment, Ein Tag der Ehre für unser Regiment*, 24 sept. 1914.

C'est ainsi que, dans les quarante pages de sa brochure, où il a réuni des extraits de journaux avec fac-similés, et des extraits, avec fac-similés, d'une quarantaine de carnets allemands, J. Bédier a donné les preuves, irréfragables, de *toutes* les sortes d'actes odieux flétris par les rapports des commissions belge et française (1).

(1) Les Allemands se sont émus de l'effet produit par la brochure de Bédier. Ils ont essayé d'en contester la valeur; l'auteur leur a victorieusement répliqué par un article de la *Revue de Paris* du 1ᵉʳ avril, publié en brochure par notre Comité sous le titre : J. BEDIER « *Comment l'Allemagne essaie de justifier ses crimes* ».

I

LA DOCTRINE ALLEMANDE DE LA GUERRE

Guerre et humanité.

Voici une dernière preuve, indirecte mais probante à l'appui des rapports français et belges : les procédés de guerre allemands sont justifiés et commandés par la doctrine allemande de la guerre, telle que l'exposent les généraux Clausewitz, Hartmann, Blume, Bernhardi, qui sont de considérables autorités.

Karl von Clausewitz, né en 1780, mort en 1831, est le plus grand écrivain militaire de l'Allemagne. Il a fait toutes les campagnes prussiennes de 1806 à 1815. Son grand ouvrage *Vom Kriege* — de la Guerre — a été le manuel de tous les généraux allemands (1); le général von Schlieffen, ancien chef d'état-major général, parlant, en 1905, de la doctrine de Clausewitz, disait : « De cette doctrine bien des préceptes ont passé dans nos règlements. Quiconque chez nous enseigne la guerre emprunte aujourd'hui encore à Clausewitz ». — Le général von Hartmann (1817-78), officier d'état-major distingué, commanda une division de cavalerie en 1870-71 (2). — Le général von Blume, né en 1835, a passé sa vie au grand État-Major général, où il était attaché comme capitaine en 1870-71, et dans d'importantes directions du ministère de la guerre prussien. Il a commandé le 15ᵉ corps d'armée allemand à Strasbourg (3). — Le général von Bernhardi, né en 1849,

(1) Publié en 1832; la dernière édition est dans les *Hinterlassene Schriften* (1867), t. I-III.

(2) V. Hartmann a écrit *Militärische Nothwendigkeit und Humanität*, Nécessité militaire et Humanité, dans la *Deutsche Rundschau*, 1877-78, t. XIII et XIV.

(3) Von Blume, outre diverses monographies sur les guerres de la Révolution et la guerre de 1870-71, a écrit un volume important de *Strategie* (2ᵉ édition, 1886) qui résume la philosophie de l'état-major du maréchal de Moltke.

brillant officier de cavalerie, a été chef d'état-major du 16e corps à Carlsruhe, puis chef de service au grand État-Major (1).—C'est des idées et des sentiments de ces généraux que s'est inspiré le document officiel rédigé par le grand État-Major général, *Kriegsbrauch im Landkriege, Les usages de la guerre continentale* (2).

L'essentiel de la doctrine est contenu dans ces passages de Clausewitz :

« Quiconque se sert de la force, *sans égard aucun* et sans épargner le sang, a tôt ou tard la prépondérance si l'ennemi ne procède pas comme lui-même. *On ne saurait introduire dans la philosophie de la guerre un principe de modération sans commettre une absurdité.*

« C'est une tendance vaine et erronée de vouloir négliger l'élément brutal de la guerre, par ce seul fait qu'il nous répugne... Il serait très inexact de réduire la guerre des peuples civilisés à un simple acte de raison des gouvernements, et de se la figurer toujours plus détachée de la passion... Lorsque nous observons que des peuples civilisés ne donnent pas la mort aux prisonniers ou ne détruisent pas les villes et les pays, il faut nous rendre compte que leur méthode de guerre est plus imprégnée d'intelligence, et que cette intelligence leur a enseigné des moyens plus efficaces d'employer la violence que les manifestations brutales de l'instinct (3). »

Ainsi parla le maître. Un demi-siècle après, le disciple von Hartmann commente cette doctrine à l'usage de nos contemporains :

« Ce serait de gaieté de cœur s'adonner à une chimère que de méconnaître que la guerre du temps présent devra être conduite *avec une rigueur plus dénuée de scrupules,* avec plus de

____

(1) Von Bernhardi, après avoir collaboré à la grande étude sur l'art militaire de Frédéric II publiée dans les *Einzelschriften* de l'état-major allemand, t. VI (1902), a publié des études remarquées de politique pangermaniste et de stratégie sous le titre de *Unsere Zukunft* (*Notre avenir,* 1911), *Vom heutigen Kriege,* 1912 (*La guerre d'aujourd'hui,* trad. en français par Mme Etard, 2 vol. in-8°, 1914), *Deutschland und der nächste Krieg* (*l'Allemagne et la prochaine guerre*) 1912.

(2) Publié en 1902, traduit en français par P. Carpentier, sous le titre *Lois et coutumes de la Guerre continentale.* 1904.

(3) CLAUSEWITZ, *Vom Kriege,* t. I, p. 4 et s.

violence et une violence plus générale que jamais dans le passé.... La guerre moderne emploie des moyens trop colossaux en personnel et en matériel ; elle soumet à une trop violente épreuve tout le bien-être national, et elle exige une mainmise trop absolue sur toute l'économie des États pour ne pas exiger impérieusement, comme une conséquence inéluctable, l'usage *sans restriction* de toute la puissance armée qu'elle met en ligne (1) ».

Cette « philosophie de la guerre » s'alarme naturellement des protestations des humanitaires contemporains. Contre ceux-ci, l'officiel *Kriegsbrauch* prend ses précautions :

« Comme les tendances morales du xixᵉ siècle ont été essentiellement dirigées par des considérations humanitaires qui ont assez souvent dégénéré en sensibilité, voire en molles rêveries du cœur, il n'a pas manqué de tentatives en vue de faire évoluer les usages de la guerre dans un sens absolument opposé à la nature et aux fins mêmes de celle-ci ; et l'avenir nous réserve certainement encore des efforts du même genre, d'autant plus qu'ils ont déjà été moralement sanctionnés dans la Convention de Genève et dans les conférences de Bruxelles et de La Haye.

« L'officier lui-même est fils de son temps. Il est entraîné par les courants moraux qui agitent son pays, et d'autant plus qu'il est plus cultivé. Il peut donc y avoir pour lui un danger à se laisser aller à des conceptions fausses sur les fins propres de la guerre, et il ne peut être paré à ce danger que dans l'étude approfondie de la guerre elle-même. C'est en creusant l'histoire des guerres que l'officier se défendra contre les idées humanitaires exagérées et qu'il se rendra compte que la guerre comporte forcément une certaine rigueur ; et, bien plus, que la seule véritable humanité réside souvent dans l'emploi dépourvu de ménagements de ces sévérités (2).

Ainsi le Gouvernement de l'Allemagne envoie ses délégués à Bruxelles et à La Haye ; ces délégués de l'Empereur et roi signent des actes dont l'ensemble compose une sorte de droit de la guerre : et, en même temps, le Grand état-major général prémunit les officiers allemands contre « ces considérations humanitaires, qui ont assez souvent dégénéré en

---

(1) Article cité, *Deutsche Rundschau*, t. XIV, pages 76-77, 94-90.
(2) *Lois de la Guerre continentale*, *Kriegsbrauch im Landkriege*, **p. 5.**

sensibilité, voire en molles rêveries du cœur »; il déplore qu'elles aient été sanctionnées « dans plusieurs dispositions de la Convention de Genève et dans les conférences de Bruxelles et de La Haye ». Ce que nous croyions, nous, être un progrès de l'humanité, une espérance en un meilleur avenir, ce n'est, pour les chefs de l'armée allemande, qu'un bavardage inutile.

Il est vrai que ces penseurs de la guerre veulent bien reconnaître l'existence de ce qu'on appelle l'humanité et même lui reconnaissent quelques droits. Von Blume (1) admet que l'emploi des moyens violents doit être limité « par des considérations généralement reconnues de moralité et d'humanité et par le droit des gens. Mais tant pis pour l'humanité et pour le droit des gens s'ils se trouvent en conflit avec ce que von Hartmann appelle le *réalisme militaire* :

« Le réalisme militaire, écrit ce général, exige absolument, dans son intérêt exclusif, qu'on lui donne le pas sur toutes les exigences qu'un droit international scientifiquement constitué pourrait désirer faire valoir.... Toute restriction aux actes de guerre, une fois qu'on en est venu aux moyens militaires, conduit à affaiblir l'action d'ensemble du belligérant... *Le droit des gens devra se garder de paralyser l'action militaire en lui imposant des entraves...*

« La guerre, par sa nature même, est la négation des principes sur lesquels reposent la civilisation et la culture, et des lois qui président à leur développement. Elle restitue en leur place un état de choses qui légitime la force et la puissance individuelles. Si l'on entend par civilisation l'équilibre de droits et de devoirs qui soutient la structure sociale des nations et que garantissent leurs institutions, *ce terme de « guerre civilisée » tel que Bluntschli l'emploie, paraît à peine intelligible.... Il porte en lui une contradiction irréductible...* (2)

« La détresse et le dommage de l'ennemi sont les conditions

____

(1) Dans son traité de *Stratégie*, p. 5 : « Parmi les nations civilisées, il s'est formé peu à peu un sentiment concordant du droit, qui leur fait rejeter de certains moyens violents à la guerre ». Et il cite : « Les actes contre des soldats ennemis qui excèdent ce qui est nécessaire pour les désarmer, les agressions contre la vie et la santé des non-combattants », etc.

(2) *Vom Kriege*, t. I, p. 4.

nécessaires pour ployer et briser sa volonté. Dans l'efficacité de ces moyens réside leur indiscutable justification, dès qu'on peut atteindre par eux avec certitude une fin militaire exactement définie (1). »

Au reste, von Hartmann proclame en termes éloquents les droits de la « passion » nécessaire au soldat :

« Le combattant a besoin de passion.... Tout effort militaire est personnel avant tout. Il suppose l'affirmation totale du caractère individuel. Il exige que le combattant qui fournit cet effort *soit affranchi totalement des entraves d'une légalité gênante et de toutes parts oppressive.... Violence* et *passion*, voilà les deux leviers principaux de tout acte belliqueux et, disons-le sans crainte, de toute *grandeur guerrière* (2). »

C'est bien ce que veut dire le grand État-Major, quand il déclare :

« Peut être employé tout moyen de guerre sans lequel le but de la guerre ne pourrait être atteint.... *Il résulte de ces principes généraux qu'il n'est apporté au libre arbitre et à la volonté du commandement que des limites fort vagues.* (5)»

Aussi ne faut-il prêter qu'une très médiocre valeur à quelques restrictions mises par le Grand-État major général à l'usage de la force.

Sont interdits : l'emploi des poisons, par exemple l'empoisonnement des puits, la mise à prix de la tête d'un ennemi, l'emploi d'armes qui causent des souffrances inutiles, le meurtre des blessés incapables de combattre et des prisonniers, la réquisition des prisonniers pour des travaux qui seraient une coopération à la guerre, l'usage pour des opérations de guerre du territoire des neutres. Ce qui est advenu de la plupart de ces interdictions, l'histoire de cette guerre, que les Allemands ont faite si atroce, le montre. Toutes d'ailleurs sont infirmées par les déclarations que l'on vient de lire.

Il est honorable, pour nous Français, de comparer à la doc-

(1) Von Hartmann, *Militärische Nothwendigkeit und Humanität*, dans la *Deutsche Rundschau*, t. XIII, pages 119-123.
(2) *Ibidem*, p. 122.
(3) *Lois de la Guerre continentale*, p. 9.

trine militaire allemande celle de notre armée. Elle est contenue tout entière dans les conventions de La Haye : convention du 29 juillet 1899, notifiée par notre Ministre de la Guerre à notre armée le 16 juillet 1901 ; convention du 18 octobre 1907, insérée dans une section de notre service en campagne. Et notre État-Major général ne prémunit pas les officiers, comme a fait celui de Berlin, contre les « considérations humanitaires » qui ont prévalu dans la Convention de Genève et dans les conférences de Bruxelles et de La Haye. Aucun de nos écrivains militaires, aucun n'a enseigné la doctrine de la guerre atroce.

Les moyens de guerre. — Le cri de détresse.

Étant donnée cette doctrine de la guerre, quels seront les moyens de guerre?

La main-mise sur le territoire ennemi, bien entendu; non pas toujours, dit Clausewitz, avec l'intention de le garder, « mais pour y lever les contributions de guerre, *voire seulement pour le dévaster* ». Il faut que, des pays envahis, s'élève un cri de détresse :

« La détresse, la misère profonde de la guerre, écrit Julius von Hartmann, ne doivent pas être épargnées à l'État ennemi. Il faut que le fardeau soit et demeure écrasant. La nécessité de l'imposer résulte de l'idée même de la guerre nationale....

« Que des particuliers soient atteints durement, quand on fait sur eux un exemple destiné à servir d'avertissement, cela est assurément déplorable pour eux. Mais pour la collectivité, c'est un bienfait salutaire que cette sévérité qui s'est exercée contre des particuliers. Quand la guerre nationale a éclaté, le *terrorisme* devient un principe militairement nécessaire (1). »

On sent bien qu'aucune considération de religion, de moralité ou de droit ne pourra faire échec aux « principes militairement nécessaires », qu'il ne doit pas y avoir de limites au terrorisme, et que la carrière est libre à « la passion

(1) Von Hartmann, article cité, t. XIV, p. 117.

émancipée de toute règle ». Il est vrai, si le soldat prend l'habitude du massacre et de l'incendie, la discipline est en péril. Aussi ne faut-il pas qu'il procède par actes individuels, par fantaisies personnelles. Le chef donnera l'ordre d'incendier : pour exécuter l'ordre, des soldats sont munis d'allume-feux à l'usage de la guerre, et qui figurent au catalogue des munitions. Les massacres se feront par ordre, par pelotons commandés à cet effet, et le pillage, par le « service régulier des prises de guerre (1) », lequel, par automobiles ou par chemin de fer, et avec toutes les précautions étudiées d'une véritable concentration en arrière, évacue le butin capturé.

Ainsi, la violence par discipline préviendra l'indiscipline, et la crainte est écartée d'un désordre né de l'application du terrorisme. Le terrorisme pourrait être limité aussi par la crainte des représailles ; le grand État-Major y fait allusion ; mais ces représailles supposent l'Allemagne vaincue, et cette hypothèse est inadmissible pour des militaires allemands.

Les réquisitions.

Comment donc seront traités les propriétés, et les personnes des non-combattants ? — Les propriétés ont à faire aux réquisitions et aux contributions.

Clausewitz a établi la théorie complète du droit de réquisition. Il en a montré la dureté pour les populations ; cette rigueur ne le trouble pas : « *Le droit de réquisition, dit-il, n'a pas d'autres limites que l'épuisement, l'appauvrissement*

---

(1) *Le Temps* du 5 janvier publie cet extrait de la *Gazette de Francfort* : « Les marchandises de différentes sortes saisies dans les pays ennemis sont en si grande quantité que la difficulté de savoir où les mettre augmente tous les jours. A la demande du ministre prussien de la guerre, toutes les chambres de commerce ont été priées de donner tous les renseignements possibles relativement aux magasins, hangars, etc., qui pourraient servir à serrer temporairement les dépouilles. On propose de partager les marchandises à travers tous les pays d'empire, excepté dans les provinces de la Prusse orientale et occidentale et de Posen, dans les districts dont Breslau, Oppeln, Düsseldorff, Cologne, Trèves et Aix-la-Chapelle sont les villes centrales, et en Alsace et en Lorraine. »

et la destruction du pays (1) ». Von Hartmann complète et précise :

« Le système des réquisitions dépasse infiniment le simple droit de recueillir des approvisionnements dans le pays où a été portée la guerre. Il implique l'exploitation intégrale de ce pays, *en toute matière*, et quelle que soit l'aide que l'on puisse s'en promettre pour l'armée d'opération, soit pour faciliter et faire progresser son action, soit pour la faire durer et pour en assurer la sécurité.

« On affirme par là, notamment, que *les nécessités militaires n'ont à établir aucune distinction entre la propriété publique et la propriété privée*, et que l'armée revendique le droit de prendre ce qu'il lui faut, partout, et de quelque façon qu'elle puisse se l'approprier (2). »

Il est vrai, le Grand-État-Major n'accepte pas la définition de von Hartmann, ni son refus de distinguer entre la propriété privée et la propriété publique, dont les conséquences peuvent être si terribles, si l'on pense que le belligérant se propose d'épuiser, d'appauvrir, de détruire le pays ennemi. Il dit en fort bons termes que « le principe de faire la guerre aux États et non aux particuliers est aujourd'hui incontesté » ; que « le vainqueur n'est pas fondé à se couvrir des frais de la guerre, même si celle-ci lui a été imposée par l'adversaire, au moyen d'empiétements sur la propriété privée » (3).

Il dit encore :

« Les contributions de guerre tirent leur origine des rançons d'incendie au prix desquelles les localités se rachetaient autrefois du pillage et de la dévastation. Le droit des gens moderne ne reconnaissant plus le pillage et la dévastation... les contributions qui auraient le caractère de butin ou de pillage seraient inadmissibles d'après les règles contemporaines.... ; Les seules contributions autorisées (à part les contributions en nature à fournir par voie de réquisition) sont donc celles qui ont été levées : 1° en remplacement d'impôts; 2° à titre de pénalité. »

(1) *Vom Kriege*, t. II, p. 85.
(2) Von Hartmann, *loco citato*, t. XIII, pages 450-451, 455.
(3) *Lois de la Guerre continentale*, pages 139-141. — *Kriegsbrauch im Landkriege*, p. 62.

Mais, lorsqu'on aura fait l'histoire financière de cette guerre, l'addition des réquisitions et contributions et prestations, le catalogue des marchandises et des objets volés à des particuliers, on verra ce qu'est devenue la distinction entre les deux sortes de propriétés. On verra, d'autre part, si les contributions de guerre ont évité aux populations l'incendie, le pillage et la dévastation dont elles étaient autrefois la rançon.

Prisonniers et non-combattants.

Parmi les personnes les plus respectables sont celles des combattants qui ne peuvent plus combattre, les prisonniers et les blessés. Celui entre les mains de qui ces hommes sont tombés leur doit assistance et subsistance. Là-dessus, le Grand État-Major et von Hartmann s'accordent : « Sévir contre les hommes désarmés est un crime », dit von Hartmann ; mais l'État-Major fait une réserve : « La plus extrême nécessité le devoir de conservation personnelle et la sécurité de l'État peuvent seuls justifier le meurtre des prisonniers. » Et cette réserve est inquiétante.

En ce qui concerne les non-combattants civils, von Hartmann pose une question singulière ; après avoir constaté qu'en 1870, la France avait appelé sous les drapeaux 6,5 pour 100 de sa population, il demande : « Comment dès lors était-il possible de reconnaître comme pacifique le reste de la population ? »

Quand 6,5 pour 100 de la population sont au feu, il reste 93,5 pour 100 de civils, de femmes et d'enfants étrangers au métier des armes : c'est une assez belle multitude pour qu'on en tienne compte. Et, plus le prélèvement d'hommes destinés aux forces combattantes a été considérable, plus il y a de chance pour qu'il ne reste au foyer que des hommes impropres au service, invalides, trop vieux ou trop jeunes. N'importe ! Von Hartmann ne parvient pas à discerner les non-combattants, et voilà les généraux allemands mis à l'aise, devant certaines questions délicates, comme celle-ci :

Peut-on ouvrir le feu d'une façon préméditée sur la population civile?

Oui, si l'on bombarde une place forte :

« Dans la guerre de forteresse aussi, l'action est dirigée principalement contre la force morale de l'adversaire. Il s'agit de briser la volonté du commandant.... On s'attend à ce que les dommages matériels et personnels qui se déchaîneront avec toute la véhémence d'un cataclysme naturel, la dissolution subite de tous les liens et de tous les freins, la surexcitation mentale de tous montrent avec évidence que la place est intenable, et à ce que, sous l'influence de tous ces troubles moraux et matériels, le commandant soit déterminé à capituler (1). »

Il y a souvent intérêt à ce que cette attaque d'une place forte soit brusquée; et comme il ne faut pas livrer le secret d'une opération, une armée n'est pas tenue de notifier d'avance le bombardement projeté :

« Il n'est pas plus obligatoire, déclare dans sa brochure l'État-major allemand, de donner avis préalable d'un bombardement, que d'un assaut. Les exigences de quelques professeurs de droit des gens à cet égard sont absolument contraires aux nécessités de la guerre et doivent être rejetées par les militaires. Les cas dans lesquels un avertissement purement facultatif a eu lieu n'en démontrent pas le caractère obligatoire. L'assiégeant devra se demander s'il n'y aura pas dans son défaut de notification, dans la soudaineté et la surprise d'un bombardement, un premier élément de l'effet qu'il en attend, et s'il ne perdrait pas un temps précieux à en avertir l'assiégé (2). »

Des otages.

C'est un usage admis, de choisir des otages dans la population des pays envahis. Ils répondent de la tranquillité de la population; mais cette mesure, qui assure la sécurité d'une garnison allemande stationnée, peut-elle être employée aussi à garantir la sécurité d'une troupe marchante? En 1870, les

(1) Von Hartmann, *loco citato*, t. XIII, p. 470.
(2) *Lois de la Guerre continentale*, p. 45. *Kriegsbrauch im Landkriege*, p. 49.

Allemands plaçaient des otages français sur les locomotives des trains qui amenaient des troupes sur le front ou qui en revenaient.

« Moyen rigoureux et cruel, dit l'État-major allemand, et mesure qui mettait en sérieux danger la vie d'habitants pacifiques, sans qu'il y eût faute de leur part. Aussi, toute la doctrine non allemande l'a dénoncée comme une infraction au droit des gens.... Il faut répondre à ces appréciations défavorables que ce moyen, dans les circonstances données, était le seul dont on pût attendre quelque effet.... *Il se justifie par le fait qu'il a obtenu un plein succès....* (1) »

On peut aller loin dans la justification des moyens de guerre, « rigoureux et cruels », s'il suffit, pour les justifier, qu'ils obtiennent, « un plein succès ». Tout comme les trains militaires, on voudra protéger des colonnes en marche. Un rideau de civils ennemis qu'elles pousseront en avant les garantira « avec plein succès » des coups de feu. Ainsi, cet acte, un des plus atroces qui aient été reprochés à l'Allemagne, est excusé comme tous les autres, *sans exception,* peuvent l'être par la doctrine allemande de la guerre (2).

(1) *Ibidem*, pages 113-114. — *Kriegsbrauch*, p. 49.

(2) Le général von Hartmann a trouvé le moyen de résoudre le conflit entre l'humanité et la cruauté :

« Une dureté et une rigueur, dit-il, se changent en leurs contraires quand ils ont pu produire chez l'adversaire la résolution de demander la paix. » A quoi souscrit le feld-maréchal von Hindenburg, dans une *interview* récente : « Le pays souffre. Lodz est affamée. Cela est déplorable, mais cela est bien. On ne fait pas la guerre avec de la sentimentalité. Plus la guerre est faite impitoyablement, plus elle est humaine au fond ; car elle prendra fin d'autant plus vite. Les méthodes de guerre qui amènent la paix avec le plus de promptitude sont et demeurent les *méthodes les plus humaines.* »

A ceci se présente une réponse :

Quiconque demeure insensible aux actes de la guerre atroce, ou, s'il a quelque émotion, la chasse comme importune et contraire aux fins de la guerre, ainsi que fit le soldat que troubla un moment le regard d'une « petite » avant qu'il l'assassinât, n'a pas le droit de se faire croire qu'il agit par humanité, car l'humanité n'est pas en lui.

III

IDÉES INSPIRATRICES DE LA DOCTRINE

La guerre est une nécessité pour l'Allemagne.

Cette inhumaine doctrine de la guerre est plus ou moins
consciemment inspirée aux Allemands par trois idées, dont
la première est que l'Allemagne ne peut continuer à vivre
dans l'étroitesse du cadre où elle est enclose; son sol presque
pauvre est un insuffisant nourricier de son peuple; et ce
peuple croît et multiplie indéfiniment; de surtout agricole, il
est devenu surtout manufacturier; la science de ses labora-
toires dirigeant et fécondant le travail de ses métiers, ce
pays surpeuplé est aujourd'hui un pays surproduisant. Il lui
faut, coûte que coûte, trouver de la place pour son surcroît
d'hommes et des marchés pour son surcroît de marchandises :
« L'Empire n'est plus aujourd'hui un corps politique enfermé
dans des limites territoriales », écrit Karl Lamprecht, signa-
taire du manifeste des intellectuels et le plus notoire
historien d'Allemagne depuis la mort de Treitschke.

Lamprecht ajoute qu'en France nous appelons Paris la
ville tentaculaire, parce qu'en effet « cette ville, semblable à
un polype, embrasse de ses bras preneurs et suceurs le pays...
et l'épuise; ce n'est point en ce sens, mais c'est dans un bon
sens que l'on peut appeler l'empire allemand l'état germa-
nique tentaculaire. » *État tentaculaire*, est une juste définition; un de ces tentacules d'Allemagne a tenu un moment
Agadir; un autre, plus longtemps, Kiao-Tscheou; un autre
s'est appliqué sur Anvers. Pas un point du globe qui ne
soit menacé; quoi qu'il arrive dans le monde, que quelqu'un
ou quelque chose remue, on voit se dresser prêt à s'abattre
un de ces tentacules chercheurs, fouilleurs. Le commerce
allemand a toutes les allures d'une guerre; ses triom-

phantes statistiques sont des bulletins de victoire ; il est le
compère et compagnon des forces militaires : « Les forces
économiques doivent être mises en marche comme l'armée
et comme la flotte, qui ne font qu'un avec elles », dit encore
Karl Lamprecht (1).

La guerre voulue par Dieu et par la nature.

La seconde idée est que la guerre est voulue par Dieu et
par la nature.

Voulue par Dieu, pense le maréchal de Moltke, qui, remer-
ciant le jurisconsulte Bluntschli de lui avoir envoyé un manuel des droits des belligérants, déclarait que la guerre est un
élément de l'ordre établi par Dieu ; que la paix universelle
est un rêve, et pas même un beau rêve ; que la guerre sur-
excite les plus nobles vertus ; sans elle, le monde croupirait
dans le matérialisme. C'est aussi l'opinion de l'historien
Treitschke ; il enseigne que la paix universelle est la plus
dangereuse des utopies ; il nous avertit que le : « Tu ne
tueras pas » du Décalogue ne doit pas être plus pris à la lettre
que la recommandation apostolique de donner son bien aux
pauvres, et il admire dans l'Ancien Testament le ton lyrique
dont est célébrée la splendeur des guerres saintes et justes.
C'est encore l'opinion de Bernhardi ; ce général invoque
l'autorité de Luther : le réformateur voulait que l'on consi-
dérât, en même temps que les fléaux de la guerre, les fléaux
plus grands encore qu'elle nous évite ; les enfants, dit-il,
n'osent plus regarder le chirurgien qui leur a coupé une
jambe, ne comprenant pas que, par cette opération, il a sauvé
le corps tout entier ; ne soyons pas des enfants ; comprenons
virilement le rôle de l'épée ; ce rôle vient de Dieu ; la guerre
est aussi nécessaire à l'homme que le boire et le manger (2).

____

(1) Ces citations de Lamprecht sont prises dans l'*Essai sur la for-
mation de l'esprit public allemand*, par Jacques FLACH, membre de
l'Institut.

(2) Sur « le culte de la force et de la guerre en Allemagne », voir

Voulue par la nature : que le fort lutte contre le faible et l'emporte sur lui, c'est, dit Treitschke, « la loi inéluctable de la vie; » partout dans la vie de la nature, écrit Bernhardi (1), la lutte est la loi de l'existence; de même une lutte perpétuelle pour la possession, la puissance, la domination régit les rapports des peuples entre eux, et, le plus souvent, le droit n'est respecté que s'il s'accorde avec l'intérêt.

Cette idée sinistre de la guerre fondée en Dieu et en nature semble n'être contredite par personne en Allemagne; or, il est vrai que la paix, surtout la paix prospère et riche, est dangereuse à nos sociétés imparfaitement organisées et que la guerre exalte de beaux sentiments et de mâles vertus; mais faut-il croire que Dieu ne veuille pas d'autre purification aux souillures humaines que le fer et le feu? Est-il nécessaire inéluctablement que, de temps à autre, des peuples se prenant à la gorge, tant d'horreurs s'ensuivent : des millions de cadavres, les tortures et clameurs des blessés, tant de sang, tant de cœurs meurtris, tant de larmes et si amères? Et ceux qui cherchent dans l'Ancien Testament des arguments à leur thèse désespérante, de quel droit négligent-ils le Nouveau, et de quelle parole du Christ peuvent-ils s'autoriser? Est-ce de : « Bienheureux les pacifiques », ou bien de : « Celui qui frappe par l'épée périra par l'épée »? D'autre part, il est certain que l'histoire politique ressemble beaucoup trop encore à l'histoire naturelle; mais nous devons vouloir que — de plus en plus — elle lui ressemble de moins en moins. Prétendre que la lutte pour l'existence doive régir l'humanité comme la nature, est un abus étrange de la grande hypothèse darwinienne, car l'humanité a sur la nature cette supériorité qu'elle se propose une fin morale. C'est par l'effort moral et social que l'homme est parvenu après tant de siècles à « jouir d'une vie un peu meilleure que

L'Expansion de l'Allemagne par le capitaine H. ANDRILLON, pages 25-40.

(1) _Unsere Zukunft_, p. 57.

celle du sauvage à l'état de nature », comme a dit un disciple de Darwin, Huxley, lequel oppose la loi morale à « la loi gladiatoriale de l'existence ».

L'Allemagne doit gouverner le monde.

La troisième idée est que l'Allemagne a la mission de régir le monde pour le plus grand bien de l'humanité, très vieille idée : l'empereur-roi allemand du moyen âge se croyait le successeur de César et d'Auguste. Au xive siècle, Charles IV, en sa Bulle d'or, donne comme chose certaine que son office est de « régir l'univers », de « répandre sur le peuple chrétien les biens de la paix et de la tranquillité », de « subvenir par sa Providence au monde qui chancelle ». Aussi « l'âme de Sa Sublimité, dit-il, est constamment agitée par les soucis innombrables que lui donnent la chose publique et le gouvernement de nations diverses par les mœurs, la vie et la langue ». Pour l'aider dans sa tâche, il a, parmi les grands officiers de sa couronne, un archichancelier d'Italie et un archichancelier des Gaules.

Les rois des nations naissantes, France et Angleterre, s'inquiètent des prétentions de César, et il est curieux, amusant même, de voir comment ils se précautionnent contre cette préfiguration mystique du pangermanisme d'aujourd'hui. Un jour, l'empereur Charles IV vint à Paris visiter notre roi Charles V. Celui-ci, homme fort avisé, pensa bien que son hôte voudrait faire l'empereur au pays des fleurs de lys; aussi, comme il savait que Sa Sublimité avait coutume de faire son entrée dans les villes impériales, montée sur cheval blanc, il lui envoya pour l'entrée à Paris des chevaux noirs, et il alla au-devant d'Elle sur un haut palefroi blanc richement ensellé aux armes de France. Quelques années après, l'empereur Sigismond, allant visiter le roi d'Angleterre, fut reçu au débarquement par le duc de Glocester, qui poussa son cheval jusque dans l'eau, et, l'épée pointant vers la poitrine auguste, somma l'Allemand de jurer qu'il n'entreprendrait rien contre la souveraineté du roi d'Angleterre.

Il ne faudrait pas dire à ce propos : « Vieilles histoires ». Rien n'est vieux pour la tenace mémoire de l'Allemagne. Les Allemands croient que l'histoire de l'humanité se divise en trois périodes : hellénisme, romanisme, germanisme, et que le *Römertum* a pour successeur unique et immédiat le *Germanentum*. La pensée de l'empereur Guillaume, cette pensée qui cavalcade dans le temps et dans l'espace, se reporte volontiers au souvenir de la grandeur romaine. Le 4 octobre 1900, lorsque fut posée la première pierre du musée romain de Saalburg, il la frappa de trois coups d'un marteau d'argent, et, en frappant le second coup, prononça ces paroles : « Je consacre cette pierre à la jeunesse allemande, aux générations qui s'élèvent et qui pourront apprendre dans le nouveau musée ce que c'est qu'un empire universel ». Au troisième coup, il ajouta : « Je consacre cette pierre à l'avenir de notre patrie allemande. Puisse-t-elle dans les temps futurs, par l'action commune des princes et des peuples, de leurs armées et de leurs citoyens, devenir aussi puissante, aussi fortement unie, aussi extraordinaire que l'Empire romain universel, afin qu'on dise dans l'avenir : « Je suis citoyen allemand », comme on disait autrefois : « *Civis romanus sum* (1). » Et le même empereur Guillaume a fait apposer dans un camp romain restauré par lui cette inscription : « *Trajano imperatori Romanorum, Wilhelmus II imperator Germanorum* », ce qui est à proprement parler un hommage de successeur à prédécesseur dans le gouvernement du monde.

Mais, si l'Allemagne succède à Rome, c'est pour faire plus et mieux que Rome. Elle a repensé les civilisations antiques, mais en gardant intact le génie propre à sa race, laquelle est supérieure à toutes les autres races. Elle

(1) Voir ANDRILLON, *L'Expansion...*, p. 106.

est l'institutrice nécessaire de l'humanité présente et à
venir (1).

« Des races encore à venir vous supplient, l'étranger dans
les terres lointaines vous supplie ; ceux-ci et tous les âges
de l'humanité à venir ont foi en vous et vous supplient de

(1) Toute une littérature dans l'Allemagne contemporaine glorifie la
race allemande. Les savants Woltmann et Wilser s'y sont distingués.
Woltmann enseigne que la valeur culturale d'un peuple se mesure à
la quantité de germanisme qui est en lui. Ce principe lui sert de fil
conducteur à travers l'histoire. Il sait pourquoi la civilisation romaine
a péri ; c'est parce qu'elle a perdu dans les guerres de Marius et de
Sylla ses hommes blonds et que l'affranchissement des esclaves —
Syriens et autres — amena la prédominance des bruns cérébralement
inférieurs. Il nous défend de croire que la Renaissance des arts et
des lettres en Italie soit due à un réveil de l'antiquité : « La culture
post-romaine en Italie est l'œuvre propre des Germains immigrés »
dans la Péninsule. « Extraordinairement petite est la participation des
éléments méditerranéens à la production du génie, bien qu'ils soient
le fond de la population italienne ». De même, tout ce qu'il y a de bon
et de grand en France vient de Germanie. Tous les grands Français
sont de crâne, de pigment, de type germaniques. Montaigne avait le
teint frais, les cheveux blonds, les yeux bleus ; Voltaire était grand,
avec des cheveux blonds et des yeux bleus ; La Fayette était grand
avec des cheveux blonds et des yeux bleus ; les athlétiques Mirabeau
et Danton étaient blonds avec des yeux bleus. Victor Hugo était blond
et rose. Woltmann démontre d'ailleurs que les noms de ces grands
personnages sont germaniques. — Naturellement, Woltmann recom-
mande « d'exalter chez les Allemands le sentiment de la race, qui se
glorifie de son ascendance et méprise l'ennemi ». Il croit fermement
que « la race allemande est appelée à envelopper la terre dans sa
souveraineté, à exploiter les trésors de la nature et les forces de
travail » ; les autres races, ils les appelle *die passiven Rassen*. Ces
paroles sont tirées d'un livre dont le titre est significatif : *Politische
Anthropologie.* Renan avait prédit aux vainqueurs de 1870 qu'ils en
arriveraient à faire des guerres anthropologiques. Ils y sont arrivés
en effet, et comment des guerres de cette sorte, des guerres d'histoire
naturelle, ne seraient-elles pas atroces?

Quant à Wilser, dans son *Herkunft und Urgeschichte der Arier, Pro-
venance et Préhistoire des Ariens*, il enseigne comme chose allant de
soi, *selbstverständlich*, que les Germains ont recueilli sans conteste
l'héritage des Romains ; ces « guerriers du Nord ont gravi, en faisant
sonner le fer, les marches du Capitole ». Et ces Germains « ont créé
toute la civilisation artistique, depuis le moyen âge jusqu'à notre
siècle » ! Ce qu'il démontre dans la *Zeitschrift für deutsche Kunst und
Decoration*, au t. II (1899).

Il est possible que les écrits de ces deux hommes, de Woltmann
surtout, aient provoqué chez des Allemands des haussements d'é
paule ; mais les hausseurs d'épaule devant les manifestations de l'orgueil patriotique sont rares en Allemagne. D'ailleurs Woltmann et
Wilser sont en parfait accord philosophique avec les hommes considérables dont les noms et le témoignage vont être donnés.

veiller jalousement contre la possibilité que, dans la grande confédération d'une humanité nouvelle, disparaisse le membre qui, pour leur existence, est le plus important de tous.... C'est vous qui, de toutes les nations modernes, avez spécialement reçu en dépôt les germes de la perfection humaine et à qui le premier rôle dans leur développement a été confié. Si vous succombez, l'Humanité succombe avec vous, sans aucun espoir d'une rénovation future. » (1).

Ainsi parlait Fichte au commencement du siècle dernier, à la veille du jour où l'Allemagne s'insurgea contre Napoléon. Depuis, cette superbe et mystique déclaration d'orgueil a été cent fois répétée.

C'est, par exemple, Henri Heine, le Prussien libéré comme il s'appelait, qui, après avoir annoncé aux Allemands qu'ils reprendraient à la France l'Alsace et la Lorraine, ajoutait : « Non pas seulement l'Alsace et la Lorraine, mais la France entière et l'Europe et le monde *sauvé* tout entier qui seront à nous. Oui, le monde entier sera allemand. J'ai souvent pensé à cette mission, à cette domination universelle de l'Allemagne, lorsque je me promenais avec mes rêves sous les sapins éternellement verts de ma patrie.... » C'est Giesebrecht, l'historien du Saint-Empire, qui, célébrant la gloire du nom allemand au temps impérial, réclame pour l'Allemagne « la domination » parce qu'elle est une nation d'élite, une race noble, et que, par conséquent il lui convient d'agir sur ses voisins, comme il est du droit et du devoir de tout homme doué de plus d'esprit et de force d'agir sur les individus moins bien doués qui l'entourent ». C'est bien d'autres encore, historiens, philosophes, philologues, ethnographes, poètes, prosateurs ; ce sont de gros livres lourds, des manuels scolaires, d'alertes brochures, des pamphlets, des journaux, des harangues, c'est tout Richard Wagner.

Dans les grandes émotions de l'heure présente, l'Allemagne, plus haut que jamais, proclame sa foi : « Nous

(1) Traduit par Hovelaque *Revue de Paris*, livraison du 5 avril 1915, p. 530.

sommes entrés dans la guerre, écrit l'historien Lamprecht, avec des cœurs hauts et purs, pénétrés de la pensée de notre avenir national. Cet avenir, nous le remplirons des floraisons de notre culture; il nous *est promis par la volonté qu'ont ensemble tous les Allemands d'élever le monde à toute noblesse et à toute perfection....* » (1) L'heure de la victoire allemande sera en effet celle du salut de l'humanité : « Alors, écrit O. Gierke, les aveugles verront, les sourds entendront, tous les peuples, qu'ils le veuillent ou non, comprendront que la culture allemande est la plus vraie, la plus forte en racine... le membre le plus nécessaire, *das unentbehrlichste Glied* de la culture universelle. » (2) Et le poète Wolfskehl, rejetant la main tendue par le geste fourvoyé de Romain Rolland, déclare : « Aujourd'hui, il s'agit de la vie ou de la mort de la culture européenne. Vos complices pèchent contre le Saint-Esprit de l'Europe. Nous livrons cette guerre pour toute l'humanité européenne. Cette guerre vient de Dieu. Il s'agit du divin dans l'Humanité » (3).

Dieu reparaît ici, car, de même qu'il veut la guerre pour le bien de l'humanité, il veut, pour le bien de l'humanité encore, pour le *salut* des hommes, la victoire de l'Allemagne. Cette intimité, cette partie liée entre Dieu et l'Allemagne a été bien des fois célébrée par l'empereur Guillaume : « Le bon Dieu ne se serait jamais donné tant de peine pour notre patrie allemande s'il ne nous réservait pas une grande destinée; nous sommes le sel de la terre; Dieu nous a appelés à civiliser le monde », disait-il en 1905, au moment de partir pour aller faire à Tanger un de ces gestes qu'il destine à l'Histoire. A Münster, en septembre 1907, il affirmait encore la collaboration de Dieu et de l'Allemagne : « Que tous anciens et nouveaux sujets de cet empire, bourgeois, paysans, ouvriers, s'unissent dans un même sentiment

(1) Traduit par CHEVRILLON, *Revue de Paris* du 15 avril 1915, p. 724.
(2) Traduit par CHEVRILLON, *Revue de Paris*, fascicule du 15 mars 1915, p. 266.
(3) Dans la *Frankfurter Zeitung* du 12 déc. 1914. Voir HOVELAQUE, *loco citato*, p. 534.

d'amour et de fidélité pour la patrie, et le peuple allemand sera le bloc de granit sur lequel notre Seigneur Dieu pourra élever et achever la civilisation du monde; c'est alors que se réalisera la parole du poète : « Le monde un jour devra son salut au germanisme *Am deutschem Wesen wird einmal noch die Welt genesen* ». Ces paroles de l'empereur, cette citation du poète ont frappé l'historien Lamprecht, qui les a répétées dans des conférences faites par lui à Leipzig, en septembre 1914, où il les appelle « prophétiques » (1).

Or, le jour annoncé par l'empereur semble arrivé. Au mois de mars de cette année, le conseiller privé de consistoire, professeur Mahling, parlant à Berlin devant un auditoire où l'Impératrice reine était représentée par des dames de sa maison, annonça que l'heure a sonné de la mission mondiale de l'Allemagne : *Die Stunde der Weltmission des deutschen Volkes hat geschlagen*, et il demanda : « Y sommes-nous préparés? *Voulons-nous être le marteau que Dieu brandit?* » Et, prenant à témoin la conduite que « leur vie intérieure » inspire aux soldats de l'Allemagne pendant cette guerre : « En eux, nous pouvons le dire hardiment, Dieu est à l'ouvrage, *bei denen ist, das können wir kühnlich sagen, Gott am Werke* (2) ».

Propos de piétiste, sans doute, mais auquel souscrivent à leur manière les libres penseurs. Il n'y a pas longtemps le libéral *Berliner Tageblatt* était obligé d'avouer : « Nous ne sommes pas au but; il est même possible que nous traversions encore des périodes pénibles »; mais il ne s'inquiétait pas : « La victoire allemande n'est pas une affaire de hasard, c'est une nécessité métaphysique. Si vraiment les faits qui régissent l'histoire des peuples dépendent d'une *volonté supérieure capable de discernement*, nous pouvons et nous devons croire que la Providence nous a réservés pour de

(1) Ces conférences ont été publiées sous ce titre : *Krieg und Cultur*, la Guerre et la Culture.

(2) Cité, d'après l'*Allgemeine Zeitung* du 13 mars 1915, par le *Journal des Débats* du 30 mars.

grandes tâches (1). » Voilà donc Dieu sommé de donner la victoire à l'Allemagne, sous peine d'être inintelligent ou même de n'être pas.

Effet de ces trois idées conjointes.

De ces trois idées inspiratrices, la première — nécessité que l'Allemagne élargisse sa place dans le monde — est une cause de guerre à elle seule suffisante. L'Allemagne ne dissimule pas l'énormité de ses revendications : annexions pures et simples de territoires, subordination d'autres pays à ses convenances économiques et à sa culture. A la vérité, de temps en temps, elle proteste de ses intentions pacifiques; elle voudrait obtenir un consentement universel à l'établissement de son empire. Un jour, parlant à Brême, l'empereur Guillaume nia qu'il eût jamais eu le dessein d'imposer au monde une domination semblable à celle d'Alexandre et de Napoléon : « Si, plus tard, ajouta-t-il, on doit parler dans l'histoire d'une domination universelle des Hohenzollern, il faudra que cette domination soit établie non pas par des conquêtes militaires, mais sur la confiance des nations qui poursuivent toutes un même idéal ». Mais jamais il n'a pu espérer sérieusement cette *confiance* des peuples, et, à ce propos pacifiste, quantité d'autres qu'il a lancés d'une voix retentissante peuvent être opposés, propos d'orgueil et de menace. Très clairement, d'autres ont parlé, personne plus clairement que le général Bernhardi : « Il est impossible, dit-il, dans la *Guerre d'aujourd'hui* (2), d'améliorer à notre profit par des artifices diplomatiques la répartition de la surface terrestre telle qu'elle existe. Si nous voulons conquérir pour notre peuple la situation mondiale qui nous est

______

(1) Cité dans *Le Temps* du 7 avril 1915. — Le même jour, *Le Temps* cite un article de la *Gazette de Francfort*; l'auteur ne croit plus à la victoire de l'Allemagne; nous en sommes à défendre notre existence, dit-il, et il regrette « l'espoir qu'entre aujourd'hui et demain l'esprit allemand puisse *guérir* le monde ».

(2) *Vom heutigen Kriege*, p. 13.

due, il nous faut nous fier à notre épée. » Et le même général, dans son livre *Notre avenir*, annonçait, il y a trois ans, l'approche du jour de l'épée. « Malgré les paroles utopiques des apôtres de la paix et tous les beaux discours des hommes d'État, malgré les chaînes de papier par lesquelles la politique européenne essaie d'entraver les forces latentes de notre peuple, on entend approcher *les pas de Dieu* qui vont les déchirer comme des toiles d'araignée. (1) »

Or, à cette première idée de la guerre nécessaire à la subsistance de l'Allemagne, les deux autres se conjoignent; et voilà que la guerre n'est pas seulement un acte obligatoire d'égoïsme national; elle est ennoblie, elle est sanctifiée. Les guerriers d'Allemagne, lorsqu'ils prennent les armes, d'abord obéissent à une loi naturelle et divine, qui condamne l'humanité à la guerre; ensuite, ils secondent le dessein de la Providence qui veut, par la victoire allemande, sauver le monde. Les guerriers d'Allemagne sont les soldats de Dieu.

Il fallait, pour pleinement comprendre la pratique et la doctrine allemandes de la guerre, remonter à ces trois idées directrices qui en sont comme la philosophie. Qui oserait refuser libre carrière à la guerre ainsi comprise? Qui tomberait en ce ridicule d'opposer à la toute-puissance du soldat la pitié, l'humanité. Autant vaudrait contester à la nature le droit de déchaîner ses cataclysmes, ou blâmer Dieu d'avoir versé les cataractes du ciel sur son peuple infidèle et bombardé de sa foudre les villes pécheresses.

En quoi la philosophie allemande de la guerre intéresse tous les peuples.

Mais nous ne pouvons conclure cette étude sans faire observer que de cette philosophie allemande de la guerre,

(1) Traduit par Chevrillon, *Revue de Paris* du 15 mars 1915, p. 289.

une autre leçon ressort, qui s'adresse à tous les peuples.

Sous l'hégémonie de la Prusse, état né de la guerre, l'Allemagne, élevée au rang de grande nation, est devenue la plus forte puissance militaire du temps où nous vivons. Elle a préparé la guerre chaque jour, comme si la guerre devait éclater le lendemain matin. — En même temps, de vieilles énergies longtemps contenues se donnaient carrière. Une ère nouvelle commençait, l'ère de la conquête du monde par les métiers, comptoirs et banques de l'Allemagne, et l'Allemagne mettait son enthousiasme dans cette lutte, et sa vigueur, et sa méthode. Ses appétits matériels étaient surexcités; elle prenait la faim et la soif de la richesse. A la conquête de l'or, elle poussait l'audace jusqu'à la témérité folle. Son industrie, son commerce, ses banques travaillaient de telle sorte qu'elle allait fatalement vers l'un ou l'autre terme de cette alternative : l'immense victoire ou la banqueroute colossale. Aussi la force économique requérait l'aide de la force militaire. Qu'il s'agît de trouver de nouveaux débouchés, de nouveaux territoires, de prendre la haute main sur les grandes voies internationales, on entendait remuer le sabre. — En même temps encore, l'intelligence allemande se prenait d'idolâtrie pour la force matérielle, qu'elle transformait en force morale, génératrice du droit; elle se déclarait solidaire et servante du militarisme. — En même temps enfin les universités, les collèges, les écoles, les clergés, les journaux, les arts enseignaient cette philosophie de la guerre et faisaient pénétrer dans les profondeurs du peuple allemand l'idée de sa supériorité sur tous les autres peuples passés et présents, lui donnaient en charge l'avenir de l'humanité, lui révélaient le secret de Dieu, qui sanctifie l'orgueil d'Allemagne.

C'est pourquoi, nous, qui combattons en cette guerre, nous avons le droit de dire aux peuples qui en sont les spectateurs :

Les Allemands affirment audacieusement qu'ils n'ont pas voulu la guerre et qu'ils y ont été contraints par nous. Nous tenons, nous, pour démontré avec une absolue clarté qu'ils en furent, au mois d'août dernier, les auteurs responsables. Mais laissons de côté la cause immédiate et occasionnelle de la guerre. Veuillez vous demander si jamais un peuple fut comme le peuple allemand orienté vers la guerre, préparé à la guerre comme à une fonction essentielle et naturelle de sa vie nationale; considérez combien de motifs et de mobiles s'unissent en un formidable faisceau : les intérêts matériels, la soif de l'or, une naturelle brutalité barbare, le patriotisme surexcité par un orgueil fou, un complexe et puissant mysticisme concourent au même objet, qui est d'élever « l'Allemagne au-dessus de tout » et de subordonner au peuple providentiellement privilégié le reste des peuples.

Réfléchissez, et vous conclurez que nous combattons, nos alliés et nous, pour la liberté du monde, et qu'aucune nation, très grande ou très petite, n'est assurée de vivre honorablement dans la paix, tant que le militarisme d'Allemagne ne sera pas détruit radicalement.

IMPRIMERIE DU PALAIS, 20, rue Geoffroy-l'Asnier. — PARIS.

www.ingramcontent.com/pod-product-compliance
Lightning Source LLC
Chambersburg PA
CBHW061309050726
47594CB00004B/1612